Kochen für jeden

Das etwas andere Italienische Kochbuch
Von Sven Mihm

Wenn Sie auch die Fertiggerichte satt haben und der Lieferservice zulange braucht bis er es Liefert dann finden Sie in meinem Kochbuch die besten Rezepte. Die auch noch einfach in der Zubereitung sind und garantiert etwas für jeden sind.

Aber auch wenn sie eine Feier ausrichten wollen finden sie hier genau die richtigen Anregungen sowie Rezepte für die Passenden Beilagen.

Diese Gerichte sind ganz einfach nach zu Kochen und können mit der Gehobenen Küche mithalten.

Ich wünsche ihnen viel Spass beim Nach machen.

Hauptspeisen

Fischauflauf Toskana
Ausreichend für zwei Portionen

Zutaten
500 g Fisch
400 g gemischtes Gemüse
Erbsen, Möhren, Mais,
½ Paprika
1. Zitrone
1 Mozzarella

Zubereitung:

Fisch in gleiche Stücke schneiden
Etwas Zitronensaft darüber geben und kurz ruhen lassen etwa
5 Minuten. In der Zeit die Hälfte des Gemüses in die
Auflaufform geben und leicht anhäufen. Den Fisch nun auf das
Gemüse geben und das restliche Gemüse darüber verteilen.
Die halbe Paprika nun in kleine Würfel schneiden und darüber
geben. Den Mozzarella nun in kleine Scheiben schneiden und
auf dem Gemüse verteilen, so das überall etwas Käse ist der
dann später im Backofen schön den Fisch bedeckt.
Die Auflaufform in den vorgeheizten Backofen stellen für
35 bis 40 Minuten bei 180 Grad. Vorheizen bei 200 Grad.
Dazu passt ein leichter Rotwein aus dem Süden Siziliens.

Brokkoli Nudeln
Ausreichend für eine Portion

Zutaten:

100 g Nudeln
250 g Brokkoli
1 Würfel Gemüsebrühe
1 ½ Teelöffel Crème fraiche

Zubereitung:

Die Nudeln in Salzwasser kochen. Die Brokkoli putzen, klein schneiden und in der Gemüsebrühe 5-8 Minuten garen. Créme Fraîche unterrühren und mit den Nudeln mischen. Auf einem Teller anrichten und mit Parmesan bestreuen.

Bratnudelschinken

Zutaten:

Nudeln
Kochschinken
Öl
½ Paprika
Pfeffer
Salz

Zubereitung:

Die Nudeln nach anweisung Kochen, nach dem abgiesen der Nudeln leicht abtropfen lassen und eine Pfanne anwärmen und etwas öl hinein geben. Die Paprika in streifen schneiden und in die Pfanne geben und den Kochschinken auch in streifen schneiden und dazu geben. Etwas Salzen und Pfeffern. Die Nudeln dazu geben wenn die Paprika und der Schinken leichte Bräunung an nehmen. Bei bedarf kann man auch Käse darüber geben. Nach 10 min, Servieren mit etwas grünen Salat.

Nudelauflauf

Ausreichend für vier Portion

Zutaten:

250 g Bandnudeln
350 g Brokkoli
250 g Champignons
250 g Tomaten
200 g Kochschinken
3 Eier
250 g Mozzarella
5 Stiele Basilikum
200 g Sahne
Pfeffer
Etwas Butter für die Form

Zubereitung:

Nudeln in reichlich kochendem Salzwasser ca. 10 Minuten garen. Den Brokkoli putzen, waschen und in Röschen teilen, danach ca. 5 Minuten mit den Nudeln garen. Das restliche Gemüse putzen, waschen, klein schneiden. Den Schinken vierteln. Die Nudeln und den Brokkoli abtropfen lassen.
Vorbereitetete Zutaten in eine gefettete Auflaufform füllen. Eier und saure Sahne verquirlen. Mit Salz und Pfeffer würzen. Basilikum waschen, hacken und unterrühren. Über den Auflauf gießen.Auflauf im vorgeheizten Backofen (E-Herd: 200°C / Gasherd: Stufe 3) etwa 30 Minuten goldbraun backen. Mozzarella abtropfen lassen und in Scheiben schneiden. Käse darauf verteilen und bei gleicher Temperatur weitere 10 Minuten knusprig überbacken.

Lachsnudeln
Ausreichend für zwei Portionen

Zutaten:

200 g Geräucherten Lachs
½ Knoblauchzehe
1 Zwiebel
3 Esslöffel Weiswein
250 g Sahne
1 Esslöffel Margarine
250 g Bandnudeln
etwas Pfeffer und etwas Basilikum

Zubereitung:

Die Zwiebel und den Knoblauch fein hacken. In etwas
Margarine andünsten. Den geräucherten Lachs in kleine
Stücke schneiden und mit anbraten.
Das ganze mit dem Weißwein ablöschen und mit der Sahne
andicken. Danach nach Geschmack würzen mit Pfeffer und
wenn nötig mit etwas Salz.
Die vorgekochten Bandnudeln unter die Sauce mischen und
servieren.
dazu schmeckt ein leicht herber Weiswein und als Beilage
gemischter Salat je nach Jahreszeit.

Servieren sie den Nudelsalat mit etwas Parmesan

Der Nudelsalat ist ideal zu Fisch oder Lamm.
Dazu reichen sie am besten einen Goldenangedünstetes
Weisbrot dieses Beträufeln sie leicht mit Olivenöl.

gehackte Basilikum und die gemahlenen Pinienkerne untermischen. Eine Form aus Metall oder Porzellan - Fassungsvermögen 1/2 l - mit kaltem Wasser ausspülen und die Käsecreme hineingeben, glatt streichen. 3-4 Stunden in den Kühlschrank stellen und dann auf eine Platte stürzen. Mit den gerösteten Pinienkernen bestreuen.

Kalabriennudelsalat
Ausreichend für 2 Portionen

Zutaten:

1 Wurst (Mettwurst oder leicht streichbare Wurst)
1 Esslöffel Butter
1 Zwiebel
2 Tomaten
1 Paprikaschote
250 ml Brühe
Paprikapulver
Salz
150 g Spagetti

Zubereitung:

Wurst in Scheiben schneiden und in der heißen Butter bräunen. Zwiebeln, Tomaten und Paprikaschote in Steifen schneiden und dazugeben. Danach die Spaghetti in ungekochtem zustand hinzu geben und würzen mit Paprikapulver und Salz. Mit 250 ml Brühe (am besten Rinder- oder Geflügelbrühe) übergießen und zudecken jetzt etwa 20 bis 25 Minuten dünsten lassen. Auf mittlerer Hitze.

Alle Zutaten gut vermengen bis ein geschmeidiger Teig entsteht. Zugedeckt 20 Minuten bei Zimmertemperatur ruhen lassen.

Basilikum Käse
Ausreichend für 2 Portionen

Zutaten:

2 Bund Basilikum
75 g Pinienkerne
200 g Schafskäse, mild
50 g Butter
125 g Parmesan, frisch gerieben
1 l Schlagsahne

Zubereitung:

Das Basilikum abspülen. Einen kleinen Zweig zum Verzieren zurücklegen. Die restlichen Blätter von den Stielen zupfen und grob hacken. 2/3 der Pinienkerne unter Rühren in einer Pfanne ohne Fett rösten, bis sie goldgelb sind. Die restlichen Pinienkerne durch die Mandelmühle geben. Den Schafskäse durch ein Sieb streichen und mit der Butter, dem Parmesan und der Sahne zu eine cremigen Masse verrühren. Das

Käsefüllung für Pasta

Zutaten:

70 g Butter
40 g Zwiebeln
80 g Mehl
1,2 l Milch
5 g Salz
Parmesan
Pfeffer, Muskat

Zubereitung:

Bechamel ansetzen und den Käse nach Fertigstellung einstreuen

Pastateig (1)

1 kg Hartweizengrieß
¼ l Wasser (lauwarm)
5 EL Kalt gepresstes Olivenöl
Salz

Pizzateig
Ausreichend für vier Portionen

Zutaten:
1 Tasse Mehl
½ Teelöffel Salz
½ Teelöffel gehäuft Backpulver
2 Esslöffel Öl
1 Ei
Zubereitung:
Alle Zutaten in eine mittelgroße Schüssel geben und zu einem geschmeidigen Teig verarbeiten. Form fetten und den Teig darauf ausbreiten. Die Ränder sollten dicker als die Mitte sein. Beliebig belegen und bei 220 °C backen.

Reis mit Thunfisch

Zutaten:

105 g Reis
200 g Mais
1 Dose Thunfisch
4 Esslöffel Mayonnaise
1 Bund Petersilie
222 ½ Esslöffel Balsamico
111 Paprika
Pfeffer und Salz

Zubereitung:

Reis nach Anweisung kochen und in eine größere Schüssel geben. Mit Mais und zerpflücktem Thunfisch vorsichtig vermengen, Salatmayonnaise und Essig verrühren, mit Gewürzen abschmecken, über Reis-Mais-Thunfisch geben und unterheben. Petersilie oder Rucola hacken und drüberstreuen. Evt. rote Paprikawürfel darauf streuen.

Lamm
Ausreichend für vier Portionen

Zutaten:

1 kg Lammfleisch
1 kg Kartoffeln
1 kg Zwiebeln
2 Esslöffel Lorbeerblätter
70 g Parmesan
Oregano
125 ml Öl
250 ml Rose`Wein
Pfeffer
Salz

Zubereitung:

Das Lamm in Würfel schneiden. Die Kartoffeln schälen und der Länge nach in 1/8 Scheiben schneiden. Die Zwiebeln schälen und in dünne Ringe schneiden. In einen großen Bräter die Hälfte des Olivenöls geben. Nun die gewürfelte Lammschulter, die Zwiebeln, die Kartoffeln, die zerpflückten Lorbeerblätter und den geriebenen Parmesan hineingeben. Das ganze gut, am besten mit beiden Händen, vermischen. Mit Oregano, Salz und Pfeffer würzen. Zum Schluss das restliche Olivenöl über die vermischten Zutaten träufeln. Den Bräter in den vorgeheizten Backofen bei 180 C, ca. 1 Stunde bruzzeln lassen. Nach 1/3 der Bratzeit den Wein zugeben und umrühren.

Penne mit Hähnchen

Ausreichend für vier Portionen

Zutaten:

4 Hähnchenbrustfilets
200g Blattspinar (TK oder frisch)
½ l Gemüsebrühe
150g Creme fraiche
400g Penne
1 Zitrone (unbehandelt)
Saucenbinder
Pfeffer
Salz
3 El Olivenöl
1 Bund Basilikum

Beschreibung:

Blattspinat waschen und gut abtrocknen. Anschließend in Streifen schneiden. Die Hähnchenbrustfilets waschen und trocken tupfen. Das Fleisch in feine Streifen schneiden und mit Pfeffer, Salz und Paprika würzen. In einer Panne mit dem Olivenöl scharf anbraten. Creme fraiche und die Brühe in die Pfanne geben, verrühren und ca 4 Minuten aufkochen lassen. Die Penne in kochendem Salzwasser Aldente (bissfest) kochen. Die Zitrone sehr heiß waschen und ab trocknen. Dann mit einer Reibe die Schale abreiben. Den Basilikum waschen, Trockentupfen und fein hacken. Den Spinat zusammen mit den Zitronenschalen in die Sauce geben und vermengen. Ca 2 Minuten kochen lassen. In der Zeit die Nudeln in einem Sieb abgießen. Anschließend die Penne und den Basilikum in die Sauce geben und unterheben.

Tortellonie Champignonpfanne

Zutaten:

1 Pkg. Tortelloni (280g)
250g Champignons
1 Zwiebel
1 Becher Creme Fraiche
1/8 Liter Wasser
geriebener Käse
Kräuter
Salz
etwas Mehl
etwas Olivenöl
Zubereitung:

Zwiebel und Champignons schneiden und gemeinsam in Olivenöl anrösten. Mit Wasser aufgießen und weich dünsten. Creme Fraiche einrühren, aufkochen lassen und mit etwas Mehl stäuben, damit die Sauce dicker wird. Inzwischen Tortelloni in Salzwasser kochen. Sauce würzen. Nach Belieben beim Servieren mit Käse bestreuen.

Lachs mit Spinat

Zutaten:

400 g Räucherlachs
1 Paprika
250 g Spinat
250 g Reis

Zubereitung:

Den Lachs in einer Pfanne mit Öl anbraten und die Paprika in würfel schneiden und dazu geben. Den Spinat mit etwas Wasser zum Kochen bringen nach bedarf kann etwas von den Paprika würfeln dazu gegeben werden. Dicken sie nach der garzeit des Spinates den Spinat mit etwas Mehl an. Den Lachs nehmen sie nach etwas 7 min Garzeit aus der Pfanne und legen sie den Lachs auf ein Tuch um das Öl abzunehmen. Den Reis kochen sie nach den angaben auf der Packung des Reises. Servieren sie

Das Gericht mit einem grünen Salat der nur mit etwas Öl und etwas Pfeffer angemacht ist.

Schweinefilet
Ausreichend für zwei Portionen

Zutaten:

200 g Schweinefilet
3 Tomaten
2 Zwiebeln
4 Zehen Knoblauch
200 g geraspelten Käse
Öl
Pfeffer
Salz

Zubereitung:
Das Schweinefilet in Medaillons schneiden und im Olivenöl
kurz anbraten. Aus der Pfanne herausnehmen und in eine
Auflaufform geben. Darauf achten, dass das Schweinefilet
nicht durchgebraten ist, sondern nur etwas angebräunt ist. Die
Gemüsezwiebeln in Würfel schneiden und in dem Olivenöl
anbraten, bis sie goldgelb ist. Den gepressten Knoblauch
dazugeben und noch mal kurz anbräunen. Darauf nun die
stückigen Tomaten geben und bei nicht so großer Hitze
köcheln lassen, bis es etwas eingedickt ist. Kräftig, mit Salz
und Pfeffer abwürzen. Dieses dann ebenfalls in die
Auflaufform, über die Medaillons, geben. Mit dem Gratinkäse
bestreuen und bei 180 Grad (Umluft) überbacken, bis eine
goldgelbe Kruste entstanden ist
(20 - 30 Min). Dazu passt: warmes Baguettebrot. Ich lege
das Baguettebrot ca. 5 Min vor Ende der Überbackzeit neben
der Auflaufform in den Ofen. Dann in Scheiben schneiden und
dazu reichen.

Italienischer Fischtopf
Ausreichend für vier Portionen

Zutaten:
1 kg frische Tomaten
500 g Fischfilet (zum Beispiel Seelachs, Rotbarsch oder Zander)
250 g Garnelen
2 EL Zitronensaft
1 Zwiebel
4 Knoblauchzehen
2 EL Olivenöl
200 ml Weißwein
2 TL getrockneten Basilikum
1 TL getrockneten Rosmarin
½ TL Thymian
1 EL gehackte Petersilie
evtl. Gemüsebrühe
Salz und Pfeffer

Zubereitung: Zuerst die Tomaten mit einem Messer kreuzweise einritzen und in eine Schüssel legen. Die Tomaten kurz mit kochendem Wasser übergießen und anschließen mit kaltem Wasser abschrecken. Nun die Haut von den Tomaten abziehen und die Tomaten etwas abkühlen lassen. Jetzt die Fischfilets und die Garnelen gut abspülen und anschließend trocken tupfen. Jetzt die Fischfilets in mundgerechte Stücke schneiden und mit dem Zitronensaft beträufeln. Die Garnelen zudem mit Zitronensaft beträufeln. Nun die Zwiebel und die Knoblauchzehen schälen und fein hacken. Anschließend das Olivenöl in einem Topf erhitzen und beides darin glasig dünsten. Jetzt die Fischfilets und die Garnelen dazugeben und unter gelegentlichem Umrühren circa 5 Minuten weiter dünsten. Nun mit dem Weißwein ablöschen und die Kräuter zugeben. Jetzt die Tomaten in grobe Würfel schneiden und zu dem Fisch geben. Die Masse etwa 10 Minuten weiter kochen lassen und nach Bedarf noch mit etwas Brühe verdünnen. Alles kräftig mit Salz und Pfeffer würzen.

Steinpilzsuppe
Ausreichend für vier Portionen

Zutaten:

1 Zwiebel
2 Knoblauchzehen
1 Selleriestange
1 Karotte
3 El Olivenöl
250g Steinpilze
1 Bund Petersilie
¼ l Weißwein
½ l Fleischbrühe
Salz, Pfeffer

Beschreibung:

Die Zwiebel und die Knoblauchzehe schälen und fein
hacken.
2. Die Selleriestange halbieren und dann diese in schmale
Streifen schneiden.
3. Alles im Olivenöl andünsten.
4. Die in schmale Stücke geschnittenen Steinpilze
dazugeben und ca. 5 Minuten weiter dünsten.
5. Die fein gehackte Petersilie Darüber streuen und alles
kräftig verrühren.
6. Den Wein und die Brühre dazugeben. Ca 10 Minuten
kochen lassen.
7. Mit Salz und Pfeffer abschmecken.

Muschelsuppe
Ausreichend für 6 Portionen

Zutaten:
1 kg frische Miesmuscheln
1 Bund Suppengrün
100 g Champignons
50 g Tomaten
2 Knoblauch Zehen
50 g Butter
2 Lorbeerblätter
350 ml trockenen Weißwein
1 EL Wermut
2 Eigelbe
125 ml Sahne
1 Bund Dill

Zubereitung:
Zunächst müssen die Muscheln gewaschen und geputzt werden, um diese von Verunreinigungen zu befreien. Das Suppengrün wird anschließend fein gewürfelt. Nachdem die Tomaten gehäutet wurden, können diese ebenfalls fein gewürfelt werden. Nun schneidet man die Champignons klein und pellt den Knoblauch. Die Butter wird dann in einem Topf zerlassen. Als erstes gibt man das gewürfelte Suppengrün hinzu und dünstet dies leicht an. Die gewürfelten Tomaten, den gepressten Knoblauch und die Lorbeerblätter werden hinzu gegeben und gut vermengt. Der Weißwein wird mit 250 ml Wasser ebenfalls in den Topf gegeben und das Ganze wird dann für rund 5 Minuten gekocht. Die Muscheln können dann dazu gegeben werden und für etwa 10 Minuten kochen. Die Muscheln öffnen sich durch den Kochvorgang und können dann mit einer großen Kelle heraus genommen werden. Der Sud sollte zunächst aufgehoben werden, da man diesen für das Rezept noch weiterverwenden kann. Nachdem die Muscheln abgekühlt sind, kann man das Muschelfleisch auslösen, zusammen mit dem Gemüse in den Sud geben und kochen lassen. Das Ganze wird nun mit Salz, Pfeffer und Wermut abgeschmeckt. Die Eigelbe und die Sahne werden miteinander verquirlt und unter die Suppe gehoben. Die Suppe

Parmesan Suppe

Ausreichend für vier Portionen

Zutaten:

250 g Parmesan

2 Schalotten

2 Frühlingszwiebeln

1 Knoblauchzehe

50 gr Pinienkerne

200 ml Sahne

350 ml Gemüsebrühe

150 ml trockener Weißwein

Pfeffer

Salz

1 EL Olivenöl

Basilikumblätter

Zubereitung:

Die Schalotten werden geschält und in kleine Würfel geschnitten. Die Frühlingszwiebeln werden geputzt, gewaschen und in feine Streifen geschnitten. Ein Esslöffel Olivenöl wird in einer Pfanne leicht erhitzt. Die Frühlingszwiebeln und die Schalotten werden hinein gegeben und glasig gedünstet.

Anschließend werden sie mit dem Weißwein abgelöscht.Der Parmesan wird mit der Hand in kleine Brocken zerteilt und ebenfalls in die Pfanne gegeben. Die Gemüsebrühe (wahlweise Instant oder aus frischem Gemüse hergestellt) kommt hinzu, bevor der Parmesan geschmolzen ist. Alles wird unter ständigem Rühren etwa zwei Minuten lang aufgekocht. Die Knoblauchzehe wird geschält, mit der Knoblauchpresse gepresst und kommt ebenfalls in die Pfanne. Die Suppe köchelt anschließend fünf Minuten auf kleiner Flamme. Während dieser Zeit werden die Pinienkerne in einer separaten Pfanne angeröstet und anschließend beiseite gestellt. Die Suppe wird nun in einen großen hohen Mixbecher gegeben und mit dem Pürierstab gründlich püriert. Die Sahne wird langsam hinzu gefüllt, bis eine cremige Konsistenz entstanden ist. Die Suppe wird nun in einen Kochtopf umgefüllt und noch einmal auf kleiner Flamme zum Köcheln gebracht. Die gerösteten Pinienkerne werden hinzu gegeben und untergerührt. Die Parmesan-Suppe wird mit reichlich frisch gemahlenem schwarzen Pfeffer verfeinert und nach Wunsch noch mit etwas Salz abgeschmeckt. Vorsicht beim Salzen, durch den Parmesan und die Brühe dürfte die Suppe bereits einen relativ hohen Salzanteil haben. Die Suppe wird möglichst kochend heiß serviert. Wer möchte, gibt einige frische Basilikumblätter hinzu. Als Beilage sind frisches Baguette oder frisches Ciabatta-Brot zu empfehlen, sowie ein trockener Weißwein.

sollte anschließend erneut erhitzt werden, aber nicht mehr zum kochen kommen.Der gehackte Dill eignet sich hervorragend als geschmackliche Abrundung und schön anzusehende Dekoration der Muschelsuppe.

Gemüsesuppe
Ausreichend für 4 Portionen

Zutaten:

2 Zwiebeln
3 Paprika (rot, gelb und grün)
2 Auberginen
3 Kartoffeln
2 Stangen einer Selleriestaude
3 Tomaten
3 kleine Zucchini
1 Knoblauchzehe
4 EL natives Olivenöl
500 ml Gemüsebrühe
4 Scheiben Weißbrot bzw. Baguette
1 EL grobes Meersalz
Salz, Pfeffer, Paprikapulver (edelsüß)
100g Parmesan

Zubereitung:

Zunächst werden die Auberginen in ca. 5 mm starke Scheiben geschnitten und mit dem groben Meersalz bedeckt. So sollten sie etwa 30 Minuten ruhen, damit das Salz ihnen das überschüssige Wasser entzieht. In der Zwischenzeit werden die Paprika von den Kernen befreit und gewürfelt, die Zwiebeln und die Sellereistangen in feine Scheiben geschnitten und die Zucchini sowie die Kartoffeln ebenfalls gewürfelt.

Die Tomaten werden für etwa 30 Sekunden in kochendem Wasser überbrüht und anschließend kalt abgeschreckt, so dass sie sich leicht häuten lassen. Die Kerne aus dem Inneren werden entfernt und das enthäutete Fruchtfleisch in Würfel geschnitten. Die inwzischen entwässerten Auberginenscheiben werden nun ebenfalls gewürfelt, die Knoblauchzehe fein gehackt. Das Olivenöl wird in einem großen Topf erhitzt und der Knoblauch darin geschwenkt; sobald er eine leicht goldene Farbe angenommen hat, wird das restliche Gemüse hinzugegeben und für ein bis zwei Minuten angebraten. Mit der Gemüsebrühe wird das Gemüse abgelöscht und anschließend mit Salz, Pfeffer und Paprikapulver abgeschmeckt. Bei kleiner Flamme sollte die

Suppe im geschlossenen Topf nun 45 Minuten vor sich hin köcheln und gelegentlich umgerührt werden. Etwa zehn Minuten vor dem Ende der Garzeit werden die Brotscheiben von der Rinde befreit, im Toaster oder im Backofen geröstet und in vier vorbereiete Suppenteller gegeben. Darüber wird der geriebene Käse gestreut. Die fertige Gemüsesuppe wird anschließend auf die Brote verteilt.

Brotsuppe
Ausreichend für vier Portionen
Zutaten:
500 g Ciabatta
1 Liter Gemüsebrühe
je 1 Möhre, Zwiebel, Staudensellerie und Chillischote, in feine Würfel geschnitten
100 ml Olivenöl
1 kg Tomaten
2 Knoblauchzehen
1 Handvoll Basilikum, Zucker ,Salz
Zubereitung:
Das Weißbrot in größere Stücke teilen und in der Brühe einweichen. Olivenöl erhitzen und das Gemüse darin anschwitzen. Die Tomaten abschälen und durch ein Sieb passieren. Die Tomaten und den zerdrückten Knoblauch zum Gemüse geben. Das etwas ausgedrückte Brot zufügen. Mit Salz und Zucker würzen und 30 Minuten auf leichter Flamme/niedriger Stufe köcheln lassen. Mit Basilikum und einem Schuss Olivenöl servieren.

Paprikasuppe

Ausreichend für sechs Portionen

Zutaten:

500g rote Paprikaschoten
500g Romatomaten
4 Schalotten
3 Knoblauchzehen
1 l Gemüsebrühe
Saft einer halben Zitrone
7 El Olivenöl
30g frischer Koriander
30g Petersilie
60g Pinienkerne
60g Parmesan
Salz, Pfeffer

Zubereitung:
Die Koriander Blatter von den Stängeln zupfen. Eine Knoblauchzehe schälen. Petersilie, Koriander, Knoblauch, Pinienkerne und den Parmesankäse in eine Küchenmaschine geben. Mit Salz und Pfeffer würzen und pürieren. Während des Vorgangs 4 Esslöffel Olivenöl dazugeben. So lange pürieren, bis die Masse fein cremig ist. Den Ofen aufheizen und die Paprikaschoten auf ein Rost legen, bis die Haut Blasen wirft. Dann die Schoten in eine geschlossenen Schüssel auskühlen lassen. Dann die Haut von den Schoten abziehen. Die Schoten halbieren. Den Stielansatz und die Kerne entfernen. Die Paprika in feine Würfel schneiden. Die Tomaten für 30 Sekunden in kochendes Wasser legen. Dann wieder herausholen und in kaltem Wasser abkühlen. Anschließend die Haut abziehen, die Tomaten in 2 Hälften schneiden und die Kerne entfernen. Die Tomaten fein würfeln. Die Schalotten und den restlichen Knoblauch schälen und fein hacken. Das restliche Olivenöl in einem Topf erhitzen und die Schalotten und den Knoblauch darin dünsten. Paprika

, Tomaten und die Gemüsebrühe dazugeben. Mit Salz, Pfeffer und etwas Zucker würzen. Die Brühe bei mittlerer Hitze ca. 15 Minuten kochen lassen, bis das Gemüse sehr weich geworden ist. Wenn die Suppe abgekühlt ist, alles in eine Küchenmaschine geben und pürieren. Die Masse wieder in den Topf geben und mit dem Zitronensaft, Salz, Pfeffer und Zucker abschmecken. Die Suppe auf die Teller verteilen und jeweils einen kleinen Löffel von der Kräuterpaste in der Mitte dazugeben.

Salate und Dressing

Balsamico Trüffeldressing

Zutaten:

500 g Portwein
500 g Madeira

Reduzieren auf 400 g

875 g Mazola
1 l Olivenöl
400 g Balsamico alt
190 g Balsamico jung
45 g Salz
1,2 l Trüffeljus oder etwas Trüffelöl
20 g Senf
Evtl. Brauner Zucker

Vinaigrette

Zutaten:
2 Schalotten
0,1 l Consommè
4 EL Walnußöl
4 EL Distelöl
4 EL Traubenkernöl
2 EL Sherryessig
2 EL Sherry Medium
½ TL Senf
Salz, Pfeffer

Schalotten fein Würfeln und Weißweinwasser blanchieren.
Eiskalt abschrecken. Alle Zutaten gut verrühren und nicht
Mixen. Abschmecken

Brotsalat

Ausreichend für vier Portionen

Zutaten:

11 1/2 Stange Baguette
100 g Salamie
100 g Rucola
100 g Kirschtomaten
20 ml Balsamico
etwas Olivenöl
Rosarien
Parmesan
Pfeffer
Meersalz

Zubereitung:

Etwas Olivenöl mit einem Rosmarinzweig in eine Pfanne geben und heiß werden lassen. Die Salamischeiben grob anschneiden und in der heißen Pfanne kross anbraten. Dann zum Abkühlen auf Krepppapier geben In die noch heiße Pfanne wieder etwas Olivenöl gießen. Das Baguette in Würfel schneiden und in der Pfanne goldbraun backen. In der Zwischenzeit den Rucola waschen, von den Stängeln befreien und grob zupfen. Kirschtomaten halbieren. Rucola mit den Kirschtomaten in eine Schüssel geben und mit Balsamico, Öl, Salz und Pfeffer würzen. Die krossen Baguettewürfel und die Salamischeiben/-chips zum Salat geben und alles miteinander vermengen. Zum Schluss ein wenig geriebenen Parmesan untermischen. Den restlichen Parmesan über den Brotsalat streuen und sofort servieren.

Sardellensalat mit Rucola
Ausreichend für eine Portion

Zutaten:

2 Sardellenfilet
100 g Rucola
30 g Mozzarella
2 Teelöffel Öl
1 Tomate
100 g Weintrauben
1 Baguette
1 Teelöffel Essig
Salz
Pfeffer

Zubereitung:

Rucola, Weintrauben und Tomate waschen, Tomate Achteln. Mozzarella würfeln. Alles mischen. Aus Öl, Essig, etwas Wasser, Salz und Pfeffer eine Marinade rühren und darüber geben. Sardellenfilet abspülen, trocken tupfen, fein würfeln und mit Öl verrühren. Die Mischung und Sardellen auf das Baguette geben.

Nudelsalat all Trapanie

Ausreichend für vier Personen

Zutaten:

500 g Spagetti
1 Bund Frühlingszwiebeln
750 g Fleischtomaten
12 Esslöffel Öl
1 ½ Paprikaschoten
200 g Oliven ohne Kerne
350 g Käse gut zu reibender
3 Dosen Thunfisch
1 Esslöffel Kapern
2 Zehen Knoblauch
1 Bund Petersilie
1 Teelöffel Basilikum
5 Esslöffel Essig
Pfeffer
Salz Meersalz

Zubereitung:

Die Spagetti in 3-4 Liter kochendes Salzwasser geben. 2 EL Öl hinzufügen, einmal umrühren und die Nudeln ca. 12 Minuten nicht zu weich garen. Wasser abgießen. Spaghetti abkühlen lassen. Zwischenzeitlich Tomaten waschen, Sechsteln und entkernen. Frühlingszwiebeln und Paprikaschoten putzen und in Scheiben, bzw. Streifen schneiden. Die Oliven in Ringe schneiden. Käse in ca. 1cm große Würfel schneiden. Thunfisch abtropfen lassen und mit einer Gabel in grobe Stücke teilen. Kapern, die geschälten Knoblauchzehen, gewaschene Petersilie und Basilikum in einem Mörser fein zerstoßen. In einer Schale mit Essig, Salz und Pfeffer verrühren. Zum Schluss das Öl kräftig darunter rühren. Alle Salatzutaten mischen. Die Salatsauce darüber geben und alles mindestens 1 Stunde ziehen lassen. Den Nudelsalat dann nochmals abschmecken und servieren.

Salato italiano
Ausreichend für vier Portionen

Zutaten:

1 Bund Rucola
1 Pack Feldsalat
1 Dose eingelegte Tomaten
1 Hand Walnüsse
etwas Essig
Parmesan

Zubereitung:

Den Salat waschen und schleudern. Die eingelegten Tomaten abgießen, dabei den Sud auffangen. Die Salate mischen und in eine Schüssel tun. Die Tomaten klein schneiden und untermischen. Den Sud mit Essig mischen und abschmecken. Die Walnüsse in der Pfanne anbraten und über der Salat geben. Darüber dann den Parmesankäse raspeln !

Kühlschrank genommen werden

Tomaten Zucchini Salat
Ausreichend für vier Portionen

Zutaten:
4 Tomaten
1 Zucchini
250 g Mozzarella
4 EL Olivenöl
Saft einer halben Zitrone
Salz
Pfeffer
1 gehackte Knoblauchzehe
2 EL gehackte Kräuter

Zubereitung:
Im ersten Schritt muss die Zucchini ordentlich abgewaschen und anschließend gehobelt werden. Die Zucchinischeiben werden dann in eine Pfanne mit etwas Olivenöl gegeben und von beiden Seiten kurz angebraten. Nun werden die Tomaten gewaschen und in Scheiben geschnitten. Der Mozzarella wird ebenfalls in gleichdicken Scheiben geschnitten.
Aus dem Saft einer halben Zitrone, Salz, Pfeffer, dem fein gehackten Knoblauch, den fein gehackten Kräutern und dem restlichen Olivenöl wird anschießend eine Marinade für den Salat gefertigt. Nun werden die Zucchinischeiben, die Tomatenscheiben, sowie die Mozzarellascheiben abwechselnd in einer Form oder auf einen Teller geschichtet. Zwischen die Scheiben verteilt man die Marinade gleichmäßig, so dass der ganze Salat einen leckeren Geschmack erhält. Um die Marinade besser verteilen zu können, empfiehlt es sich, dies mit einem Löffel zu machen. Der übrig gebliebe Saft wird anschließend gleichmäßig über den Salat verteilt. Der Zucchini Tomaten Salat sollte dann für etwa eine Stunde kalt gestellt werden, damit sich das Aroma richtig entfalten kann. Um den perfekten Geschmack erleben zu können, sollte der Salat etwa 10 Minuten vor dem Verzehr auf dem

Rotkohlsalat

100 g	Rotkohl Julienne
	Rotwein
2 cl	Traubenkernöl
	Balsamicoessig
	Salz, Pfeffer, Zucker
	Preiselbeersaft

Rotwein erhitzen und den Rotkohl 24 Stunden darin marinieren. Mit den restlichen Zutaten abschmecken.

Nachspeisen

Weinschaum
Ausreichend für vier Portionen

Zutaten:
4 Eigelb
50 g Puderzucker
100 ccm Marsalawein
frische Früchte der Saison zum Anrichten

Zubereitung:
Eigelb, Puderzucker und Wein in einer Rührschüssel oder einem Schlagkessel mischen. Schüssel ins heisse Wasserbad stellen und die Eiermasse mit den Quirlen des Handrührers oder mit einem Schneebesen so lange schlagen, bis eine dickflüssige Creme entstanden ist. Im kalten Wasserbad weiterschlagen, bis die Creme abgekühlt ist.

Tiramisu - Mascarponecreme mit Biskuit

Zutaten:

4 Eigelb
100 g Zucker
500 g Mascarpone
150 g Löffelbiskuits
3/8 l kalter Espresso
2 EL Weinbrand
Kakaopulver

Zubereitung:

Eigelb mit dem Handrührer sehr schaumig schlagen. Dabei nach und nach den Zucker einrieseln lassen. Die Creme so lange schlagen, bis sich das Zuckergranulat gelöst hat. Mascarpone esslöffelweise bei niedriger Schaltstufe unterrühren. Eine rechteckige Form mit der Hälfte der Biskuits auslegen. Espresso mit Weinbrand mischen und die Biskuits damit tränken. Die Hälfte der Mascarponecreme darauf verteilen und mit den übrigen Biskuits abdecken. Wieder mit der Espressomischung tränken, mit der restlichen Creme bestreichen. Die letzte Cremeschicht dünn mit Kakao bestäuben - am besten mit einem kleinen, feinmaschigen Sieb. Das Dessert mindestens acht Stunden im Kühlschrank durchziehen lassen. Vor dem Servieren kurz Zimmertemperatur annehmen lassen, dann entfaltet sich das Aroma besser.

Florentiner Kuchen -alla Fiorentina
Ausreichend für sechs Portionen

Zutaten:

500g Mehl
20g Hefe
150g Schmalz
150g Zucker
4 Eier
1 Orange
Vanillezucker
Salz

Zubereitung:

Die Hefe in lauwarmen Wasser auflösen. Das Mehl nach
und nach darüber geben und verkneten. Wenn sich der
Teig vom Schüsselrand löst einen Laib formen und an
einem warmen Ort eine Stunde gehen lassen. Die Orange
heiß abwaschen, abtrocknen und die Schale abreiben.
Nach dem Gehen die Eigelbe, den Schmalz, Zucker, die
Orangenschalen und eine Prise Salz mit der Hand
unterkneten. Den Teig auf einem Backblech gleichmäßig
verteilen. Noch einmal 1,5 Stunden gehen lassen. Bei 180
°C für 30 Minuten backen. Am Schluss den Kuchen mit
Vanillezucker bestreuen.

Torta di ricotta
Ausreichend für acht Portionen

Zutaten:
Für den Teig
175 g Butter
1 TL Salz
350 g Mehl
3EL Wasser
Etwas Butter für die Springform
Für die Füllung:
3 Eier
1 TL Pfeffer und Majoran
250 g Ricotta
200 g Sauerrahm
200 g geriebener Käse (Asiago oder Gouda)
125 g gewürfelter Speck
1 Pck. Petersilie

Zubereitung
Als erstes eine Springform nehmen und mit ein wenig Butter
gut einfetten. Diese danach in den Kühlschrank stellen zum
abkühlen.
Für den Teig:

Butter, Salz, Mehl und 3 EL Wasser in eine Schüssel geben.
Anschließend mit einem Knethacken vermengen, bis ein
glatter Teig entsteht. Backpapier unterlegen und etwa 1/3 des
Teiges mit einem Nudelholz darauf ausrollen. Einen Kreis
daraus ausstechen, der dem Durchmesser der Springform
entspricht. Dies geht am schnellsten wenn man die Springform
zum ausstechen des Teiges verwendet. Den restlichen Teig in
die Form geben und diesen mit der Hand gleichmäßig in die
Form drücken. Dabei darauf achten das ein Rand entsteht, der
etwa 3 – 4 cm hoch sein sollte. Sowohl den Teig in der
Springform als auch den Teigdecken zirka 30 Minuten in den
Kühlschrank stellen.
Für die Füllung: Eier, Pfeffer und Majoran in eine weitere
Schüssel geben und schaumig schlagen. Anschließend die

belieben kann sie warm oder kalt serviert werden. Guten
Appetit!

- Schokoladenkuchen

Zutaten:

5 Eier
100 g Mehl
100 g Zucker
80 g Butter
100 fein gemahlene Mandeln
2 EL Speisestärke
200 g Kuvertüre, Schokolade
etwas Butter für die Form

Zubereitung:

Dieser Schokoladenkuchen stammt aus Italien und wurde
früher in Form eines Brotlaibes gebacken.

Als Erstes bringen Sie die Butter in einem kleinen
Töpfchen zum Schmelzen. Währenddessen trennen Sie die
Eier und geben das Eigelb zusammen mit dem Zucker in
eine Schüssel. Das Ganze schlagen Sie nun mit einem
Handrührgerät schaumig.
Mischen Sie nun Mehl, Speisestärke und Mandeln und
rühren Sie diese Mischung löffelweise vorsichtig unter den

Eierschaum. Nehmen Sie die abgekühlte Butter und geben Sie diese ebenfalls dazu.
Heizen Sie zwischenzeitlich den Backofen auf 200 °C vor.

Streichen Sie eine Springform (28 cm) mit weicher Butter aus und schlagen Sie als Nächstes das Eiweiß zu steifem Schnee. Ziehen Sie dann den Eischnee gleichmäßig unter den Teig und füllen Sie den Teig in die vorbereitete Springform. Streichen Sie alles glatt und schieben Sie die Springform in den vorgeheizten Backofen.
Lassen Sie den Schokoladenkuchen etwas 25 Minuten backen und decken Sie dann die Oberfläche mit Alufolie ab. Backen Sie den Kuchen weitere 10 Minuten und nehmen Sie ihn dann aus dem Ofen. Lösen Sie ihn vorsichtig aus der Form und lassen Sie den Kuchen abkühlen.

Schmelzen Sie nun in einem Topf die Schokoladenkuvertüre und überziehen Sie den Kuchen gleichmäßig mit der Kuvertüre. Ziehen Sie mit einer Gabel feine Rillen und lassen Sie dann die Kuvertüre trocknen.

Ist der Schokoladenkuchen fertig abgekühlt, können Sie ihn Portionsweise schneiden.

Backzeit: etwa 35 Minuten, Backofen 200° C, Umluft 180° C, Gas Stufe 3

Petersilie, den Ricotta und den Sauerrahm darunter heben. Zuletzt noch den Käse und den Speck unter rühren. Den Backofen auf 200 Grad vorheizen. Den Teig aus dem Kühlschrank nehmen. Anschließend wird die Füllung in die Springform gegeben und glatt verstrichen. Den Teigdecken darauf setzen und an den Rand drücken. Danach wird die Torte für 45 – 50 Minuten in den vorgeheizten Backofen geschoben. Die Torte aus dem Backofen nehmen. Nach

Erdbeercreme

Zutaten:

250 g Erdbeeren
3 Äpfel
etwas Zimt
200 ml Sahne

Zubereitung:

Äpfel Schälen und Kerngehäuse entfernen danach in kleine
Würfel schneiden. Und in etwa 100 ml Wasser aufkochen die
Erdbeeren nach etwa 2 min dazu geben. Alles etwa 5 min
Köcheln lassen. Danach den Zmit dazu geben. Den Topf mit
der Masse vom Herd nehmen und etwas abkühlen lassen. Die
200 ml Sahne steif schlagen. Nun die Aufgekochte Masse
durch ein Sieb drücken nach dem die Masse nun noch weiter
abgekühlt ist die Sahen leicht unter die Creme heben. So das
es leicht an Volumen gewinnt.
Servieren Sie dazu etwas Eis am besten ein leicht Fruchtiges
Mango oder Pfirsich Eis.

Birnencreme

Zutaten:

250 g Birnen

Bereiten Sie die Nachspeise nach den Selben Vorgaben wie
die Erdbeercreme.
Lassen sie die Birnen aber zehn min Kochen und
Zum auflockern heben sie 4 geschlagene Eiweiß darunter
Servieren sie dazu ein etwas herberes Vanille Eis.

Brötchen aus der Auvergne

Zehn Gramm Teig von den 50 Gramm des Teiglings
abnehmen und daraus einen Hut formen.
Dazu den Teig ausrollen und mit einem Ausstecher
ausschneiden. Restlichen Teig zur Kugel
formen und auf diesen Hut setzen, dabei mit dem
Finger den Hut in der Mitte leicht in die Teigkugel
drücken, um das Brötchen zusammenzukleben.
Mit dem Kopf nach unter auf die Arbeitsplatte
legen.

Zopf

Dieses Brot wird mit dem Hartweizengrießteig (Rezept siehe
Seite 320) hergestellt.

Teig in Teiglinge von je 50 Gramm teilen. Mit der Hand
zu einer dünnen Rolle formen, ein Drittel abschneiden. Ver-
bleibende

Rolle zu einem Hufeisen formen, das abgeschnit-tene
Drittel in die Mitte kleben und einen Zopf flechten.
Den geformten Zopf gehen lassen und ihn im Ofen bei 240 °C
(statische Hitze) backen. Aus dem Ofen nehmen und mit
einem Pinsel mit geklärter Butter bestreichen.

Baguette oder Pariser Brot

Formen, indem man den Teig in die Länge zieht.
Die Enden jedes Baguettes sollen leicht spitz zu-laufen.
Zum Gehen auf die Oberseite legen und
eindrehen, bevor man es in den Ofen gibt.

Fächerbrot

2,4 kg Hartweizengrießteig (Rezept siehe Seite 320) mit der
Teigausrollmaschine (Einstellung 2) auf ein Blech von 60 × 80
Zentimeter ausrollen. Einige Minuten kalt stellen.
Den ausgerollten Teig großzügig mehlen. Die Teigfläche
muss ausreichend gemehlt sein, um ein Zusammenkleben der
Fächerfalten zu verhindern.
Teig der Länge nach zweiteilen und die beiden Teighälften
übereinanderlegen (Schema 1).
Dieses Verfahren mehrmals auf dieselbe Weise wiederholen
(Schema 2 und 3). Das entstandene Teigstück dann vier Mal
der Länge nach und sechs Mal der Breite nach durchschnei-
den,
um die gewünschte Einteilung zu erhalten (Schema 4).
Mit einem schmalen Rollholz die Teigstückchen ausrollen,
in der Mitte mit dem Rollholz eine kleine Mulde eindrücken,
um sie zusammenzukleben. Dabei darauf achten, dass das
Brötchen nicht zweigeteilt wird. Gehen lassen. Die Zeit sollte
dabei 30 Minuten nicht überschreiten, damit das Fächer-brot
nicht zu dick wird. Bei 240 °C im Ofen (statische Hitze)
backen.

Vanillekaramell

Zutaten

1,5 l Sahne
150 g gesalzene Butter
150 g Lavendelhonig
9 Vanilleschoten
1,125 kg Zucker
900 g Glukose
225 ml Wasser

Zubereitung:

Für einen Rahmen
von 40×60 cm Sahne, Butter, Lavendelhonig und Vanillemark
zum Kochen bringen und ziehen lassen.
Zucker, Glukose und Wasser bei 145 °C kochen.
Mit der Vanillemasse binden.
Noch einmal bei 121 °C kochen und die Masse
gleichmäßig durchmischen. In den Rahmen gießen und fest werden lassen.
Wenn die Masse vollständig abgekühlt ist, aus
der Form nehmen, zuschneiden und einzeln verpacken.
Trocken aufbewahren.

Geröstete Krappen

Zutaten:

200 g Krappen
etwas Salz Pfeffer
Olivenöl
Toast

Zubereitung:

Die Krappen in einer Pfanne mit etwas Öl leicht an schwenken bis sie eine leichte bräune haben. Dann erst würzen mit Salz Pfeffer. Nach bedarf kann man auch Paprika mit an rösten. Anbei das Toast mit etwas Öl anfeuchten und in der Pfanne anbräunen. Zu Servieren das Toast vierteln und mit etwas Kräuterbutter anrichten.

Grappenomlett

2 Päckchen Grappen
6 Eier
1 Paprika
etwas Zuccinie
Salz
Pfeffer

Zubereitung:

Die Grappen bräunen sie leicht in einer Pfanne mit etwas öl
an. Geben sie nach etwa 5 min. die Gewürfelte Paprika und
die in Streifen geschnittene Zucchinie in die Pfanne. Nach
dem alles eine leichte bräune hat würzen sie die Masse mit
etwas Pfeffer und Salz. Geben sie die Eier in einen Behälter.
Rühren sie diese mit etwas Salz unter und geben sie diese
unter die gebräunte masse. Wenn die masse eine verbindung
mit den eiern hat nehmen sie einen Teller zur hilfe geben sie
die masse auf diesen und geben diese masse um gedreht in
die pfanne zurück. Bis sich diese leicht in der Pfanne bewegen
lässt. Servieren sie hierzu etwas leichten Toast oder einen
Natur Salat der nur mit etwas Olivenöl angemacht ist etwas
Salz und Pfeffer reichen sie dazu am Tisch.

Geeistes Zucchinipüree

1 kg	Zucchini
6	Knoblauchzehen
	Salz
2 El.	Olivenöl (I)
2 El.	Olivenöl (II)
2	Tomaten
3 El.	Zitronensaft
1	Baguette
3 El.	Olivenöl (III)

Zucchini waschen und die Stielenden entfernen. Von den Zucchini je 2 Streifen Schale abschälen und beiseite legen. Die Zucchini und den ungepellten Knoblauch in eine ofenfeste Form legen, salzen und mit Olivenöl (I) beträufeln. Bei 200 °C zugedeckt auf der 2. Schiene von oben 45 Minuten backen Zucchinischale sehr fein würfeln und im Olivenöl (II) bei schwacher Hitze 1 Minute dünsten, salzen. Tomaten vierteln, Saft, Kerne und Stielansätze entfernen. Tomaten sehr fein würfeln Gebackene Zucchini grob hacken, Knoblauchzehen aus der Pelle drücken.
Beides mit dem Schneidstab des Handrührers pürieren. Mit Salz und Zitronensaft würzen. Die Hälfte der Zucchinischalenwürfel unterrühren, das Püree auskühlen lassen. Das Püree 15 Minuten vor dem Servieren ins Gefrierfach stellen. Das Baguette schräg aufschneiden, die Scheiben mit dem restlichen Öl bestreichen. Im vorgeheizten Backofen bei 200 °C auf der 2. Schiene von oben 6-8 Minuten goldbraun rösten. Das geeiste Zucchinipüree mit Tomaten und restlichen Zucchiniwürfeln bestreuen und mit Röstbrot servieren.

Feine Omeletts mit grünem Spargel

Zutaten

48	Stangen grüner Babyspargel (»Picholines«)
5	Stangen dünner grüner Spargel (»Fillettes«)
4	Eier zu je 70 g
100 ml	Olivenöl
60 g	Butter
500 ml	heller Geflügelfond
40 g	geriebener Parmesan
	Fleur de Sel
	Öl von sehr reifen Oliven

Zubereitung des Spargels
Schuppen von den Spargelstangen entfernen und Stangen schälen. Harte Enden entfernen, dann die Picholines in 5 cm Länge und die Fillettes in 6 cm Länge zur Spitze schräg abschneiden. Die übrigen weichen Anteile in 5 mm dicke Scheiben schneiden.

Herstellung des Pürees
Etwas Olivenöl in einem Sautoir erhitzen, Spargelscheiben hineingeben, salzen und dünsten, ohne dass sie sich verfärben. Mit hellem Geflügelfond aufgießen und bei geschlossenem Topf simmern lassen.

Weich gekochte Spargelscheiben in einem Sieb abtropfen lassen, im Mixer zu einem Püree verarbeiten und das Püree anschließend durch ein Sieb passieren, damit die restlichen Fasern zurückbleiben.

Auf eine Platte geben und abkühlen lassen.
Garen des Spargels

Salzwasser zum Kochen bringen und die Picholines darin garen. Sobald die Stangen al dente sind, vorsichtig mit einem Schaumlöffel heraus heben und in einem Gefäß mit Eiswasser abkühlen. Auf einem Tuch abtropfen lassen.

Omeletts

In 4 kleine Salatschüsseln jeweils 100 g Spargelpüree, 10 g geriebenen Parmesan, eine Messerspitze Salz und 1 Ei geben; dabei vom Eiweiß etwas entfernen. Zutaten mit einer Gabel vermengen. Schüsseln auf den Herd stellen, damit die Masse gut temperiert ist. In einer Blini-Teflonpfanne von 12 cm Durchmesser etwas Olivenöl mit einem haselnussgroßen Stück Butter erhitzen. 12 Spargelstangen rosettenförmig so anordnen, dass die Spitzen nach außen zeigen.

Die Pfanne erneut erhitzen. Wenn die Butter zu schäumen beginnt, den Teig in die Pfanne gießen; dabei die Masse kurz zuvor ein letztes Mal mit der Gabel durchschlagen, damit sie homogen ist. Das Omelett ohne Einschlagen am Herdrand sanft braten, bis es zart goldgelb ist.

Sobald die Unterseite gar ist, eine zweite Pfanne darüber stülpen, das Omelett durch eine Halbdrehung in die zweite Pfanne wenden und wie die erste Seite fertig braten. Das durchgegarte, aber immer noch weiche Omelett von der Pfanne direkt auf den Servierteller geben. Den Vorgang für die restlichen 3 Omeletts wiederholen.

Währenddessen die Fillettes der Länge nach in feine Streifen schneiden und zu 4 Fächern anordnen. Mit einem feuchten Küchenkrepp bedecken und kühl stellen.

Ich wünsche ihnen viel spaß beim nach kochen und Genießen. Ich hoffe sie können ihre Gäste mit diesen Gerichten begeistern. Ihr Sven Mihm

Herstellung und Verlag:
Books on Demand GmbH, Norderstedt
ISBN 978-3-8391-4231-8